新HSK（五级）
高分实战试卷
6

刘 云 主编

图书在版编目(CIP)数据

新 HSK(五级)高分实战试卷.6 / 刘云主编. —北京:北京大学出版社,2012.10
(北大版新 HSK 应试辅导丛书)
ISBN 978-7-301-21228-8

I.新… II.刘… III.汉语－对外汉语教学－水平考试－习题集 IV.H195-44

中国版本图书馆 CIP 数据核字(2012)第 215522 号

书　　　　名:	新 HSK(五级)高分实战试卷 6
著作责任者:	刘　云　主编
责 任 编 辑:	沈萌萌
标 准 书 号:	ISBN 978-7-301-21228-8/H・3132
出 版 发 行:	北京大学出版社
地　　　　址:	北京市海淀区成府路 205 号　100871
网　　　　址:	http://www.pup.cn
电 子 邮 箱:	zpup@pup.pku.edu.cn
电　　　　话:	邮购部 62752015　发行部 62750672　编辑部 62752028
	出版部 62754962
印　　刷　者:	三河市博文印刷厂
经　　销　者:	新华书店
	787 毫米×1092 毫米　16 开本　3.25 印张　65 千字
	2012 年 10 月第 1 版　2012 年 10 月第 1 次印刷
定　　　　价:	12.00 元

未经许可,不得以任何方式复制或抄袭本书之部分或全部内容。
版权所有,侵权必究　　举报电话:010 - 62752024
　　　　　　　　　　　电子邮箱:fd@pup.pku.edu.cn

新HSK(五级)
高分实战试卷
6

刘 云 主编

图书在版编目(CIP)数据

新 HSK(五级)高分实战试卷.6 / 刘云主编.—北京:北京大学出版社,2012.10
(北大版新 HSK 应试辅导丛书)
ISBN 978-7-301-21228-8

Ⅰ.新… Ⅱ.刘… Ⅲ.汉语－对外汉语教学－水平考试－习题集 Ⅳ.H195-44

中国版本图书馆 CIP 数据核字(2012)第 215522 号

书　　　名：新 HSK(五级)高分实战试卷 6
著作责任者：刘　云　主编
责 任 编 辑：沈萌萌
标 准 书 号：ISBN 978-7-301-21228-8/H・3132
出 版 发 行：北京大学出版社
地　　　址：北京市海淀区成府路 205 号　100871
网　　　址：http://www.pup.cn
电 子 邮 箱：zpup@pup.pku.edu.cn
电　　　话：邮购部 62752015　发行部 62750672　编辑部 62752028
　　　　　　出版部 62754962
印　 刷　者：三河市博文印刷厂
经　 销　者：新华书店
　　　　　　787 毫米×1092 毫米　16 开本　3.25 印张　65 千字
　　　　　　2012 年 10 月第 1 版　2012 年 10 月第 1 次印刷
定　　　价：12.00 元

未经许可,不得以任何方式复制或抄袭本书之部分或全部内容。
版权所有,侵权必究　举报电话：010 - 62752024
　　　　　　　　　　电子邮箱：fd@pup.pku.edu.cn

第二部分

第61—70题：请选出与试题内容一致的一项。

61. 2011年中国摩天城市排行榜6月6日发布，香港、上海、深圳位列前三，天津以15座152米以上摩天大楼数量排名第七。另外，全球及中国城市摩天潜力指数，天津均位列第二。但中国摩天城市排行榜数据显示，"摩天时尚"引发大小城市争相追赶。在我国许多不具备"经济中心"特性的城市，也在规划兴建世界顶级的摩天大楼。

  A 每年都有摩天大楼排行榜
  B 只有经济中心兴建摩天大楼
  C 在中国，香港的摩天大楼最多
  D 天津的摩天大楼全球排名第七

62. 近体诗，是为有别于古体诗而使用的名称，又称今体诗或格律诗，指唐代形成的格律诗体。近体诗有四句、八句和十句以上三种，每句五个字或七个字。近体诗是唐代以后的主要诗体，在中国诗歌史上有着重要地位，代表诗人有李白、杜甫、李商隐、陆游等。

  A 古体诗没有格律
  B 近体诗是唐代形成的
  C 李白等诗人只写近体诗
  D 近体诗有四句或八句两种

63. 曲阜市位于山东省西南部，古称鲁县，是周朝时期鲁国国都，"曲阜"之名最早见于《礼记》。曲阜是我国古代伟大的思想家、教育家、儒家学派创始人孔子的故乡。在曲阜发现大量"大汶口文化"和"龙山文化"遗迹，证明了上古帝王在曲阜的活动。1982年曲阜被国务院公布为首批历史文化名城，被西方人士誉为"东方耶路撒冷"。

  A 曲阜有很多名人
  B 曲阜是周朝的国都
  C 曲阜是这个城市现代的名字
  D 上古帝王在曲阜的活动有证明

64. 《颜氏家训》是我国南北朝时文学家颜之推的传世代表作。他结合自己的人生经历、处世哲学,写成《颜氏家训》一书教育子孙。《颜氏家训》是我国历史上第一部内容丰富的家训,也是一部学术著作。其内容涉及许多领域,尤其注重对孩子的早期教育,对后世的影响甚为深远。

  A 《颜氏家训》的作者是教育家
  B 《颜氏家训》是写给儿子和孙子的书
  C 《颜氏家训》是历史上第一部家训
  D 《颜氏家训》很注重孩子的早期教育

65. 我在家给妻子熬中药,恰巧邻居过来借东西,好奇地问了我熬中药为什么要用砂锅,我说:"说实话,我也不知道!"儿子却在旁边说:"爸爸,您真不知道?"我一愣:"我真不知道!难道你知道吗?"儿子说:"当然了,因为咱家其他的锅您都还没洗呢!"

  A 邻居来问我问题
  B 妻子常常做家务
  C 我病了,要吃中药
  D 儿子不知道用砂锅熬药的原因

66. 理学是宋元明清时期的哲学思潮,又称道学,它产生于北宋,盛行于南宋与元、明时代,清中期以后逐渐衰落,但其影响一直延续到近代。广义的理学,泛指以讨论天道性命问题为中心的整个哲学思潮,包括各种不同学派;狭义的理学专指程朱理学。

  A 理学就是程朱理学
  B 理学是宋朝以前产生的
  C 理学是道学的一种
  D 理学流行的时间很长

67. 软玉并不是矿物的名称,它是指闪石类中某些具有宝石价值的矿物。软玉是由闪石类矿物组成的集合体,质地细腻。软玉有很多种,颜色也有很多,但都具有油脂光泽。中国新疆和田是软玉的重要产地,那里的软玉被人们称之为"和田玉"。

　　A 软玉也叫和田玉
　　B 软玉具有宝石价值
　　C 软玉是新疆和田出产的
　　D 软玉的光泽有很多种

68. 楷书,又称正楷、真书等,是汉字书法中常见的一种字体,其字形较为正方,不像以前写成扁形。唐代的楷书可谓空前兴盛,书体成熟,书法家辈出,其楷书作品均为后世所重,被尊为习字的模范。楷书也是现代汉字手写体的参考标准,也发展出另一种手写体——钢笔字。

　　A 楷书是唐代形成的
　　B 楷书的字形和以前不同
　　C 楷书是钢笔字参考的标准
　　D 楷书是汉字书法中最常见的字体

69. 考试综合症是一种心理疾病,是指由于心理素质差、面临考试情境产生恐惧心理,参加考试的时候出现头脑不清、心跳过速等情况,严重者甚至晕倒,导致考试失利。考试紧张是正常现象,而患有考试综合症的考生不仅在考试期间产生紧张情绪,而且全伴有身心功能紊乱。因此考试综合症需要及时医治,否则可能有严重的后果。

　　A 考试综合症不需要去医院
　　B 心跳过速会引起考试综合症
　　C 考试紧张不是考试综合症
　　D 考试综合症就是考试的时候很紧张

70. "E哥有话说"是中国首部动漫新闻评论节目,2011年6月15日在杭州正式上线面向全球开播。同时发布上线的还有国内首个"融媒体"客户端——"中国网事"客户端。它也是"E哥有话说"的主要播出平台。智能手机和平板电脑用户,只要下载安装"中国网事"客户端,就能每天看到"E哥"的点评和对重大事件的三维动漫现场还原。

 A "中国网事"是新闻评论节目
 B 智能手机用户也能看到"E哥有话说"
 C 只有在杭州能看到"E哥有话说"
 D "E哥有话说"是全球首部动漫新闻评论节目

第 三 部 分

第71—90题：请选出正确答案。

71—75.

有位年轻人，在一个闹市区租了一家商店，满怀希望地选了个好日子做起了保险柜的买卖。然而，生意却十分清淡，虽然店里形形色色的保险柜摆放得整整齐齐，每天都有成千上万的人从他的店门前走过，但很少有人购买。

看着店外来来往往的人群，年轻人思来想去，终于想出了一个好办法。他从警察局借来了逃犯的照片，并把照片放大了好几倍，然后贴在商店的玻璃上，照片下附了一张捉拿犯罪的说明。照片贴出来以后，来来去去的行人都被照片吸引，纷纷停下来观看。人们看了逃犯的照片后，产生了恐惧心理，本来不想买保险柜的人，此时都想买一个。因此，年轻人的保险柜一下子热销起来，第一个月卖出了48个，第二个月卖出72个，此后每个月都能稳稳地卖出七八十个。

不仅如此，因为他贴出了逃犯的照片，使警察局得到了有价值的情报，顺利地捉拿了逃犯。他还因此领到了警察局的奖状，报纸也做了大量的报道。他也毫不客气地把奖状连同报纸一并贴在玻璃窗上，从此他的生意更加红火。

71. 年轻人刚开业的时候：
    A 几乎没有生意　　　　　　B 来了很多朋友
    C 非常需要资金　　　　　　D 受到同行打击

72. 年轻人在自己店面上贴了什么？
    A 降价通知　　　　　　　　B 名星照片
    C 产品说明　　　　　　　　D 警局通告

73. 可以代替文中"恐惧"一词的是：
    A 悲伤　　　　　　　　　　B 痛苦
    C 害怕　　　　　　　　　　D 期待

74. 人们为什么都想买保险柜？
    A 保险柜价格下调　　　　　B 厂家做优惠活动
    C 担心自己的财产　　　　　D 新款式非常漂亮

75. 年轻人的生意更加红火是因为：
    A 他在报纸上做了广告　　　　B 保险柜的质量非常好
    C 报道起到了宣传作用　　　　D 和警察局有业务联系

76—80.

　　那是学校最有名的一位教授开设的讲座。讲座准时开始，教授没有拿书本，而是直接走下讲台，来到最后一排的座位上，向一位坐在中间位置的同学深深地弯下腰去。

　　教室里一下子变得非常安静，大家不知道发生了什么事。

　　"我之所以这样做，是因为这位同学选择这个位置的举动，让我充满敬意。"

　　教授继续用不高的语调说道："我今天是第一个来这儿的，你们入场时我发现，许多先到的同学，一进来就抢占了靠近讲台和过道两边的座位，在他们看来那一定是最好的位置了，好进好出，而且离讲台也近，听得也最清楚。这位同学来的时候，靠前和两边的位置还有很多，可是他却直接走到教室的最后面，而且是坐在最中间、进出都不方便的位置。"

　　教授接着说道："我继续观察后发现：先前那些抢占了他们认为最好位置的同学，其实备受其苦，因为座位前排与后排之间的距离小，每一个后来者往里面进时，靠边的同学都不得不起立一次，这样才能让后来者进去。我统计了一下，在半小时之内，那些抢占了'好位置'的同学，竟然为他们只想着自己的行为付出了起立十多次的代价。而那位坐在后排中间的同学，却一直安静地看着自己的书，没人打扰。同学们，请记住吧：当你心中只有自己的时候，你把麻烦其实也留给了自己；当你心中想着他人的时候，其实他人也在不知不觉中方便了你……"

76. 开始上课时，教授做了什么？
    A 给一位同学行礼　　　　　　B 仔细观察每位同学
    C 给大家讲了个故事　　　　　D 感谢来听课的学生

77. 教授发现大部分同学：
    A 对自己很尊敬　　　　　　　B 很早就来到教室
    C 很照顾后来的同学　　　　　D 喜欢坐靠前或靠外的位子

78. 多数人认为什么样的是好位置？
    A 窗户旁边的   B 教室最中间的
    C 离走道最近的   D 靠近教室门口的

79. 教授观察到，坐在外面的同学：
    A 在安静地看书   B 脾气非常不好
    C 经常被人打扰   D 上课不注意听

80. 教授希望大家：
    A 要学会珍惜时间   B 把精力用在学习上
    C 多为别人考虑一些   D 感谢帮助过自己的人

81—85.

在一家大出版社下属的一些书店里，每年都有大量的图书丢失，这让书店的工作人员苦恼不已。通常，在每年年终，这些丢失图书的名称和数量都要被登记在一个表格上，这个表格将被高高挂在书店里，希望大家以后工作中要更加注意。

一天，出版社的一位负责人在到书店检查工作时偶然看到这张表格后，竟然被激发了灵感，他回到出版社后，开始有计划地出版那些丢失次数最多的图书。

当地每年都要举行一次世界性的书展，在书展上，每个参展的出版社都要使出各种宣传手段，来推销自己的图书。但是，这家出版社的宣传却别具一格，他们展示了一份"被偷次数最多的十大书籍"名单。结果，这份名单一下子吸引了大量图书销售商前来订货，这使这家出版社成为书展上最大的赢家。

书商们可能不相信出版社的广告，但他们只相信一个事实：被偷次数最多的图书通常是读者最喜欢的图书，它们也必然会成为销售最好的书。

81. 让书店员工头疼的事情是：
    A 店内有老鼠   B 工作量太大
    C 图书卖不出去   D 有人偷店内商品

82. 高挂那个表格是为了：
    A 提醒员工   B 抓住小偷
    C 吸引顾客   D 宣传图书

83. 负责人了解情况后：
   A 非常生气　　　　　　　　B 表示遗憾
   C 对图书进行统计　　　　　D 想到一个好主意

84. 文中"别具一格"的意思是：
   A 花了许多心思　　　　　　B 另有独特风格
   C 没有任何限制　　　　　　D 非常引人注意

85. 书商们认为经常被偷的书：
   A 价格不便宜　　　　　　　B 有收藏价值
   C 很受人欢迎　　　　　　　D 不一定好卖

86—90.

　　大部分人买车看重的是价格、性能、造型。其实，汽车颜色也很重要，颜色的选择不仅是个性主张的表达，更关乎行车安全。

　　科学研究发现，人们挑选什么颜色的车，不只与车主职业有关，心理学家发现，开红色汽车的人，具有较强烈的进取心，往往比较自信，一有机会经常会开快车；白色汽车车主的性格往往比较温和，喜欢让自己的车干净亮丽，比较遵守纪律；黑色是"天然的公务车"，心理学家指出它是工作狂的最爱；蓝色意味着车主生性冷静，有较强的分析力；鲜黄色表示车主乐观、好交际。

　　但你也许并不知道，汽车颜色还与安全紧密相连。

　　一家汽车保险公司就汽车颜色与交通事故发生频率之间的关系进行了一系列研究。结果表明：撞车等交通事故的发生，与汽车颜色有着密切的联系。其中，黑色汽车是最容易发生事故的。在白天，黑色汽车发生事故的概率比白色汽车高12%，而在傍晚和凌晨，这一数字高达47%。灰色和银色汽车的危险性仅次于黑色汽车，然后是红色、蓝色和绿色汽车，再其次是黄色汽车，而白色汽车最安全。

86. 根据文中内容，人们买车时容易忽视的是车的：
   A 价格　　　　　　　　　　B 造型
   C 颜色　　　　　　　　　　D 性能

87. 心理学家认为,挑选车的颜色,跟人的什么有关?
    A 文化水平　　　　　　　　B 经济条件
    C 性格脾气　　　　　　　　D 家庭环境

88. 对自己充满信心的人,往往爱选择什么颜色的车?
    A 红色　　　　　　　　　　B 白色
    C 蓝色　　　　　　　　　　D 黄色

89. 通过研究结果,我们可以知道:
    A 白色汽车发生交通事故的概率最低
    B 开黑色车会发生事故
    C 红色的车比黄色的好
    D 车主性格跟事故有关

90. 这段文字主要是讲:
    A 如何做到安全驾驶　　　　B 汽车颜色的重要性
    C 不同性格不同人生　　　　D 怎么避免交通事故

三、书写

第一部分

第91—98题：完成句子。

例如：发表　这篇论文　什么时候　是　的

<u>这篇论文是什么时候发表的？</u>

91. 换　我　房间　能上网的　一个　想

92. 那袋牛奶　过期　冰箱里的　已经　了

93. 一项　划船　是　运动　很好的

94. 充电器　放在哪儿了　不记得　把　我

95. 催　快点儿　我　化妆　丈夫

96. 您　登记　请　个人信息　一下

97. 挂着　天空中　彩虹　漂亮的　一道

98. 泪水　流下了　忍不住　她　伤心的

第二部分

第 99—100 题：写短文。

99. 请结合下列词语（要全部使用），写一篇 80 字左右的短文。

    功能   居然   进口   购买   排队

100. 请结合这张图片写一篇 80 字左右的短文。

答 案

一、听 力

第一部分

1. C	2. C	3. A	4. B	5. D
6. A	7. D	8. B	9. A	10. B
11. B	12. B	13. A	14. C	15. B
16. A	17. B	18. C	19. C	20. C

第二部分

21. D	22. B	23. A	24. C	25. C
26. D	27. C	28. A	29. B	30. B
31. D	32. A	33. D	34. B	35. D
36. A	37. B	38. B	39. C	40. A
41. A	42. D	43. C	44. C	45. D

二、阅 读

第一部分

46. C	47. B	48. A	49. A	50. C
51. D	52. B	53. C	54. D	55. A
56. C	57. A	58. B	59. C	60. B

第二部分

61. C	62. B	63. D	64. D	65. D
66. D	67. B	68. B	69. C	70. B

第三部分

71. A	72. D	73. C	74. C	75. C
76. A	77. D	78. C	79. C	80. C
81. D	82. A	83. D	84. B	85. C
86. C	87. C	88. A	89. A	90. B

三、书　写

第一部分

91. 我想换一个能上网的房间。
92. 冰箱里的那袋牛奶已经过期了。
93. 划船是一项很好的运动。
94. 我不记得把充电器放在哪儿了。
95. 丈夫催我快点儿化妆。
96. 请您登记一下个人信息。
97. 天空中挂着一道漂亮的彩虹。
98. 她忍不住流下了伤心的泪水。

第二部分
（参考答案）

99. 金山公司生产的这种手机在市场上非常受欢迎，不光功能非常强大，而且价格也很便宜，居然只卖1999元，仅为进口产品价格的一半。因此很多人在排队等待购买这款手机。

100. 随着网络的普及，网络购物越来越受到人们的青睐。与商场购物相比，网购购物更为便捷和实惠，不仅送货到家，还可货比三家。由于生活节奏的加快，很多年轻人忙于工作无暇逛街，网购已经成为他们日常生活的重要组成部分。

听力材料及听力部分题解

(音乐,30秒,渐弱)

大家好!欢迎参加 HSK(五级)考试。
大家好!欢迎参加 HSK(五级)考试。
大家好!欢迎参加 HSK(五级)考试。

HSK(五级)听力考试分两部分,共45题。
请大家注意,听力考试现在开始。

第 一 部 分

第1到20题:请选出正确答案。现在开始第1题:

1.

男:小姐,请问你们这儿洗手间在哪儿?
女:您从这儿向左,服务台旁边的楼梯后面就是。
问:男的在找什么?

A 电梯　　　　B 经理
C 卫生间　　　D 服务员

【题解】根据"请问你们这儿洗手间在哪儿"可以知道,男的在找洗手间,也就是卫生间。正确答案是C。

2.

女:我昨天在网上看到一则新闻,有个学校的学生喝了订的牛奶,全都生病了。
男:我看这些相关部门就应该把所有精力都放在抓食品质量上去,吃的东西质量不过关,弄不好是要出大问题的。
问:男的主要是什么意思?

A 网上新闻不真实
B 去医院看望学生
C 食品安全很重要
D 以后不再喝牛奶

【题解】通过"应该把所有精力都放在抓食品质量上"可以知道,男的认为食品质量是非常重要的。正确答案是C。

3.

男:王小姐,我希望你能再考虑一下我上次的提议,如果是价格问题,咱们还可以再商量。
女:不好意思,我今年的工作计划已经排好了,没有多余的时间,如果可能的话,我们明年再合作。
问:根据对话,可以知道什么?

A 女的拒绝了男的
B 男的在安排工作
C 女的现在在赶时间
D 男的和女的是同事

【题解】根据"没有多余的时间,如果可能的话,我们明年再合作"可以知道,女的今年不想和男的合作,一般来说"不好意思"是带有表达歉意的含义,也就是说女的对她拒绝男的的建议表示了歉意。正确答案是 A。

4.

男:小李不在办公室吗?会议室的钥匙在他那儿呢。
女:你去操场上去看看,如果篮球场没有,就是在打乒乓球,每天这个时候他都在那儿。
问:根据对话,可以知道什么?

A 小李要去开会　　**B 小李喜欢运动**
C 男的在会议室　　D 女的在找钥匙

【题解】通过"如果篮球场没有,就是在打乒乓球,每天这个时候他都在那儿"可以知道,小李每天这个时候都在操场上打球,这说明他很喜欢运动。正确答

案是 B。

5.

女:小李,来帮我看看,我这机子怎么上不了网?昨天还好好的呢。
男:现在所有的电脑都上不去,刚才打电话问了,可能是线路出了问题。
问:女的的电脑为什么不能上网?

A 没有交费　　　　B 中了病毒
C 机子坏了　　　　**D 网络有毛病**

【题解】听力材料中男的对电脑上不了网的解释是"可能是线路出了问题",由此可知,是网络出现了故障。正确答案是 D。

6.

女:上午谈的结果怎么样?
男:王经理说,现在原材料价格提高,运费也涨价,他们已经做到了保证产品质量,所以价格方面不能再商量。
问:他们和对方在谈什么?

A 产品价格　　　B 生产程序
C 运输方式　　　　D 材料质量

【题解】在听力材料中出现的"原材料价格"、"运费"等都是王经理和男的解释的"价格方面不能再商量"的原因,由此可以知道,男的上午在和王经理谈价格

— 21 —

方面的问题。正确答案为A。

7.

男：叶红，上个月咱们部门花了多少钱？
女：广告支出二十三万，来人招待九万，部门经费十四万，比起二月份，多支出八万。
问：上个月用在宣传方面的开支是多少？

A 九万　　　　　B 十四万
C 十七万　　　　**D 二十三万**

【题解】广告就是一种宣传手段，所以听力材料中"广告支出二十三万"，也就是说用在宣传方面的支出是二十三万。正确答案是D。

8.

男：这个月的销售量统计出来没有？
女：小李负责的那两个卖场的数字还没报上来，不过，这个月的销售量一定会超过上个月。
问：女的主要是什么意思？

A 销售报表做好了
B 还缺少一些数据
C 小李工作很认真
D 自己去卖场看看

【题解】根据"小李负责的那两个卖场的数字还没报上来"可以知道，女的还缺少两个卖场的销售数字。正确答案是B。

9.

男：你不要把下载的东西都放在桌面上，这样会影响电脑运行速度的。
女：我知道，这些都是小王帮我下的，放在桌面上容易找。
问：女的主要是什么意思？

A 自己不懂电脑
B 不觉得电脑慢
C 想请男的帮忙
D 觉得这样方便

【题解】听力材料中女的知道桌面上的东西太多会影响速度，所以A错误。因为东西是别人帮她下载的，放到桌面上是方便她找。正确答案是D。

10.

女：今天你们学校的篮球比赛进行得怎么样？你们班赢了没有？
男：下午刚到学校就接到通知，有上级领导来检查工作，所以比赛推迟到明天了。
问：男的主要是什么意思？

A 领导想看球赛
B 今天没有比赛
C 明天有领导要来
D 马上要检查工作

【题解】通过"所以比赛推迟到明天"可以知道,因为今天有其他重要的事情,所以没有比赛。正确答案是 B。

11.

> 男:小王这下可要倒霉了,还不知道经理要怎么处理这件事呢。
> 女:其实我认为,现在应该做的是去找客户解释一下,不要因为这件事情让客户对我们产生不好的看法。
> 问:女的主要是什么意思?

A 要马上处理小王
B 尽快解决产生的误会
C 应该陪客户出去散心
D 对小王有不好的看法

【题解】根据"去找客户解释一下",可以知道,因为客户不了解事情的真相,才对他们产生了不好的看法,所以女的建议尽快把这件事解释清楚,消除客户对他们的误会。正确答案是 B。

12.

> 女:你今天怎么不去接孩子了?你太太出差回来了?
> 男:她得去海南半个月呢,得到下个星期五能回来,不过,我妈上午来了。
> 问:男的主要是什么意思?

A 现在很想妻子
B 奶奶可以接孩子
C 想好好照顾母亲
D 自己要去海南出差

【题解】听力材料中女的问"怎么不去接孩子",男的回答"我妈上午来了"。也就是说,因为奶奶来了,爸爸就不用去接送孩子了。正确答案是 B。

13.

> 女:你在哪儿?我的钥匙忘在公司了,现在进不了家。
> 男:我在妈妈家呢,一会儿去机场接大姐,要不,你先打车来这儿吧。
> 问:男的让女的怎么样?

A 去父母家　　B 到机场接人
C 回公司拿钥匙　D 等自己去接她

【题解】根据"我在妈妈家呢"、"你先打车来这儿吧"可以知道,男的现在在父母家,他让女的也来这儿,正确答案是 A。

14.

> 女:从这儿到他学校要过两条马路呢,路上车辆这么多,他一个人能安全吗?
> 男:妈,没事的,我教过他应该怎么样过马路,我没时间送他上学的时候也都是他一个人去。
> 问:女的是什么语气?

A 难过   B 烦恼   **C 担心**   D 遗憾

【题解】通过"路上车辆这么多,他一个人能安全吗"可以知道,女的很担心孩子的安全问题。正确答案是C。

15.

> 女:你来看看我买的这件衣服,送给妈妈当做生日礼物怎么样?
> 男:我觉得款式很好,很适合她这个年龄,但我妈比较喜欢红色的衣服。
> 问:男的认为这件衣服怎么样?

A 有点儿太贵了   **B 颜色不合适**
C 式样很流行   D 质量不太好

【题解】在听力材料中,男的对这件衣服的评价是"款式很好,适合她这个年龄","但"表示转折,"我妈比较喜欢红色的衣服",说明这件衣服不是红色的,妈妈可能不太喜欢,因此可以知道,男的觉得这件衣服颜色不太好。正确答案是B。

16.

> 女:刚刚转来一个危重病人,需要马上动手术,你马上打电话通知小李,让他立刻去接杨主任。
> 男:小李刚刚下班回家,还是我开车去吧。
> 问:根据对话,可以知道什么?

A 杨主任是位医生
B 男的可以去做手术
C 小李现在感觉很累
D 女的准备去手术室

【题解】根据听力材料中"一个危重病人"、"需要马上动手术"可以知道,女的是在医院工作的,"立刻去接杨主任",说明这台手术很需要杨主任,由此可推断,杨主任是位医生。正确答案是A。

17.

> 女:小王,快来帮我看看,我要怎么样才能把这份文件传到张丽那儿?
> 男:你看,你先把这份文件复制一下,然后粘贴在这儿,就可以直接传过去了。
> 问:关于女的,下列哪项正确?

A 让小王打材料   **B 不太会用电脑**
C 正在复印文件   D 想要去找张丽

【题解】根据"要怎么样才能把这份文件传到张丽那儿"可以知道,女的对电脑的简单操作也不会,说明她不太会用电脑。正确答案是B。

18.

> 女:张强,我刚才问过经理了,咱们下个星期真的可以去海南,五日游!
> 男:看把你高兴的,上次涨了工资也没见你这样。
> 问:女的为什么这么高兴?

A 涨了工资　　　B 当了经理
C 要去旅游　　D 中了大奖

【题解】女的高兴的原因是下个星期可以去旅游，"涨了工资"并没高兴成这样。正确答案是C。

19.

男：你打算在家里住多久？别忘了二十号还要去北京呢。
女：今天才三号，我在家住一个星期就回来了，不会耽误去北京的。
问：女的打算几号回来？

A 三号　B 七号　**C 十号**　D 二十号

【题解】一个星期是七天，通过听力材料中"今天才三号，我在家住一个星期就回来"可以知道，三号再过七天，也就是十号。正确答案是C。

20.

男：这么新的一条牛仔裤，弄了这么多洞，回家你妈会不会骂你啊？
女：为了下午的演出效果，牺牲一条牛仔裤，也是值得的吧，而且以后我也不会再穿这条裤子了，我妈怎么会知道？
问：关于女的，下列哪项正确？

A 不怕妈妈生气
B 刚买了一条新裤子
C 故意在裤子上剪洞
D 认为有洞的裤子很时髦

【题解】根据"这么新的一条牛仔裤，弄了这么多洞"、"为了下午的演出效果，牺牲一条牛仔裤，也是值得的吧"可以知道，女的是为了达到演出效果，故意在一条新牛仔裤上剪出了许多洞。正确答案为C。

第二部分

第21到45题:请选出正确答案。现在开始第21题:

21.

男:你们学校的图书馆只给学校里的老师和学生办借书证吗?
女:不是,有很多校外的人也到那儿借书。
男:我儿子老是让我给他买书,我那天在网上给他买了六本故事书,他一个星期就看完了,干脆办个借书证,让他在图书馆里看个够。
女:你明天只要拿身份证到那儿登记一下,再交五十块钱就可以了。如果退还借书证,就可以拿回这五十块钱。
问:关于男的,可以知道什么?

A 非常喜欢看书
B 希望到学校去工作
C 去办了一个借书证
D 不想再给儿子买书

【题解】根据"我儿子老是让我给他买书"、"干脆办个借书证,让他在图书馆里看个够"可以知道,男的想办借书证,是为了解决儿子看书的问题,他认为在图书馆里看书,就可以不用买了。正确答案是D。

22.

男:你好,我想问一下怎么样开通网上银行?
女:您带身份证了吧?
男:带了。
女:那您填一下这张申请表,然后去那边窗口办理就可以了。
问:男的现在在哪儿?

A 邮局　**B 银行**　C 网吧　D 手机店

【题解】根据"我想问一下怎么样开通网上银行"可以知道,男的在办理开通网上银行的业务,"去那边窗口办理就可以了",说明他不是在网上,因此他最可能是在银行。

23.

男:请问这辆车是去红河公园的吗?
女:这辆不去,上一辆车是去公园的。
男:那它多久发一班车?
女:半小时,你先等一会儿吧。大概二十分钟左右就该来了。
问:上一辆去公园的车过去多久了?

A 十分钟　　　　B 二十分钟
C 三十分钟　　　　D 四十分钟

【题解】听力材料中"多久发一班车"、"半小时"可以说明,去公园的车是三十分钟一班,通过"大概二十分钟左右就该来了",可知上一辆车已经过去十分钟了。正确答案为A。

24.

男:你前段时间说买车,买了没有?
女:还没呢,最近油价不是又涨了嘛,我正在犹豫。
男:有自己的车还是方便些,至少早上不用那么匆匆忙忙地去赶公车了。
女:我老公也是这样说。
问:女的为什么没买车?

A 没有自己喜欢的车
B 自己驾驶技术不好
C 现在开车费用太高
D 觉得没有坐车安全

【题解】通过"最近油价不是又涨了嘛,我正在犹豫"可以知道,女的到现在还没下定决心买车,是因为油价又涨了,开车费用又增加了,因此正确答案是C。

25.

男:你刚才去哪儿了?王玲打电话找你呢。
女:家里肥皂用完了,我去超市买了一块儿。王玲找我干什么?
男:她问你下午上不上班,想让你陪她一起去做头发。

女:王主任住院了,我下午得去看他,晚上才有时间。
问:女的下午打算去哪儿?

A 超市　B 公司　**C 医院**　D 美发店

【题解】根据"王主任住院了,我下午得去看他"可以知道,王主任现在在医院里,女的下午要去看他。正确答案是C。

26.

男:我是真佩服郭老师。
女:郭老师怎么了?
男:他居然能在这么短的时间里,把如此乱的一个班改变成这个样子。
女:你说的是三(2)班吗?那个班现在可真是不错,上课的时候,再也没有一个学生不认真听课了。
问:郭老师改变了什么?

A 比赛结果　　　B 学校形象
C 卫生状况　　　**D 课堂纪律**

【题解】听力材料中"上课的时候再也没有一个学生不认真听课了",说明这个班以前上课的时候有不少同学不认真听课。由此证明,这个班级以前的课堂纪律不好,郭老师解决了这一问题,男的表示很佩服他。正确答案是D。

27.

男：你不会打算穿这双鞋去参加活动吧？
女：怎么了？这双鞋不行？
男：咱们到那儿要参加许多训练项目，你穿一双高跟鞋，能去跑步、跳高吗？
女：这样啊，那我得赶紧去换双运动鞋才行。
问：对于女的现在穿的鞋子，男的有什么看法？

A 颜色不好看　　B 式样不时髦
C 不方便运动　D 质量不太好
【题解】男的说"你穿一双高跟鞋，能去跑步、跳高吗"的意思是穿高跟鞋不适合运动。正确答案是C。

28.

男：你看看我肩膀上怎么了？感觉很疼。
女：昨天我让你擦些防晒油再下海，你偏不听，这肩膀上都脱皮了，能不疼吗？
男：难怪我昨天一夜都没睡好呢，如果知道晒得这么严重，我就听你的了。现在要不要去医院啊？
女：没事，过两天就好了。现在知道防晒的重要性了吧？下次要是再去海边，看你还敢不敢直接在太阳下玩儿那么久。
问：他们现在最可能在哪儿？

A 家里　B 医院　C 沙滩　D 超市
【题解】"下次要是再去海边"说明他们这时没在海边，"要不要去医院"说明他们也不是在医院，而女的和男的说话的口气说明他们的关系很亲密，所以他们最可能是在家里。正确答案是A。

29.

男：你好，我想买盆兰花，哪个品种比较好？
女：这个品种是昨天才刚刚运来的，非常漂亮，也比较香，但是不太好养。
男：这个没关系，我老师是个养花高手，我是准备下个星期送给他作为生日礼物的。
女：既然如此，那送这盆花是最合适的了。
问：男的主要是什么意思？

A 自己很喜欢养花
B 马上要去看老师
C 下个星期过生日
D 这花不是自己养
【题解】通过"我老师是个养花高手，我是准备下个星期送给他作为生日礼物的"可以知道，花是要送给老师的，不是男的自己养。正确答案是B。

30.

女：听小王说，你已经辞职了？
男：我半年前就想辞职的，只是手头上还有一个项目没有完成才等到现在，我实在是受不了公司的经营方式了。
女：那你现在有什么打算？
男：我想休息一段时间，去些我喜欢的地方看看，回来再说吧。
问：男的现在想做什么？

A 在家休息　　**B 出去旅游**
C 应聘工作　　D 找个项目

【题解】根据"去些我喜欢的地方看看"，可以知道男的现在想到自己喜欢的地方旅游。正确答案是B。

第31到33题是根据下面一段话：

我8岁的时候，有一次到姨妈家过周末。晚上，一个中年男子来了，他和姨妈打过招呼之后就开始和我这个小孩子聊起天来。

那阵子，(31)我正为船只而着迷。他和我聊起了各种各样的船，我高兴极了。在他走后，我兴奋地谈起他，说这个人真厉害，知道的那么多。姨妈告诉我，(32)他是一个普通商人，其实对船只方面的事情并不关心，对这个话题也不感兴趣。"那他为什么一直和我聊这方面的事情呢？"我问。"因为他是一位有礼貌的先生，知道你喜欢，就尽他所知道的，和你聊你感兴趣的话题，这样你会高兴。他是一个愿意为别人着想的人。"

这件事后，我永远忘不了这名男子和姨妈说的那些话。"在这个世上，无论是朋友还是家人，甚至是陌生人，(33)记得要尽量多为别人着想，这样才能赢得别人的爱与尊重。"

31. 中年男子做了什么事让我很高兴？

　　A 送了我礼物
　　B 带我去看船
　　C 给我拿了零食
　　D 说我喜欢的话题

【题解】通过"我正为船只而着迷。他和我聊起了各种各样的船，我高兴极了"，可以知道，男子和我聊着船只的话题，让我非常高兴。正确答案是D。

32. 根据短文内容，下列对中年男子的描述，哪项正确？

　　A 是做生意的
　　B 长得非常帅
　　C 喜欢研究船
　　D 要和姨妈结婚了

【题解】根据"他只是一个普通商人"可以知道，中年男子是做生意的。正确答案是A。

33. 我认为如何赢得别人的尊重？

A 要有许多知识

B 有一定的社会地位

C 做一个非常有名的人

D 多站在对方的角度考虑

【题解】根据听力材料中"记得要尽量多为别人着想,这样才能赢得别人的爱与尊重"可以知道,我认为要多站在对方的角度考虑,多为别人着想,才能赢得别人的尊重。正确答案是 D。

第 34 到 37 题是根据下面一段话:

一天清晨,在一个小岛上,一个游泳爱好者跳进太平洋中,开始向对面海岸游去。(34)要是成功了,她就是第一个在海里游这么长距离的女士。那天早晨,(35)雾很大,她连护送她的船都几乎看不清。时间一个钟头一个钟头过去,千千万万人在电视上注视着她。在以往这类游泳中她的最大问题不是疲劳,而是冰凉的海水。15 个钟头之后,她被冰冷的海水冻得浑身发麻。(36)她的母亲和教练在船上,他们告诉她海岸很近了,叫她不要放弃。但她朝对面的海岸望去,除了浓雾什么也看不到。她知道自己不能再游了,就叫人拉她上船。上船后,她渐渐觉得暖和多了,这时却开始感到失败的打击。她对记者说:"(37)说实在的,我不是为自己找借口。如果当时我看

见陆地,也许我能坚持下来。"

而人们拉她上船的地点,离对面的海岸非常近!

34. 游泳爱好者跳进太平洋中是为了什么?

A 好好锻炼身体

B 打破世界纪录

C 提高游泳速度

D 引起大家注意

【题解】根据听力材料中"要是成功了,她就是第一个在海里游这么长距离的女士"可以知道,如果她成功了,她可以打破纪录。正确答案是 B。

35. 她在海里遇到了什么样的状况?

A 感到身体不舒服

B 发现没人保护自己

C 遇到了危险的动物

D 不能看到很远的距离

【题解】根据"雾很大,她连护送她的船都几乎看不清"可以知道,因为雾的关系,她能看到的距离很短。正确答案为 D。

36. 她母亲希望她怎么做?

A 可以坚持下去

B 马上上船休息

C 放弃这次挑战

D 赶紧游回起点

【题解】根据"她的母亲和教练在船上,他们告诉她海岸很近了,叫她不要放

弃"可以知道,她母亲在鼓励她继续游下去。正确答案为 A。

37. 她放弃的真正原因是什么?

　　A 没人支持她　　**B 看不到目标**

　　C 海水太凉了　　D 觉得没意思

【题解】通过"说实在的,我不是为自己找借口。如果当时我看见陆地,也许我能坚持下来"可以知道,她坚持不下来是因为当时看不到陆地。由此可知,因为一直看不到目标,所以她感到没有希望,才放弃了。正确答案为 B。

第 38 到 42 题是根据下面一段话:

　　从前,有一位有钱人想给在城里当差的儿子送去 2 万元钱。他把此事托付给邻居家的孩子阿里。在当时,2 万元可以买到 100 匹马和 200 只羊。阿里非常小心地将钱藏在腰间,出发了。

　　(38)路上,阿里遇到一队征兵的人马,他被他们带到一个没有人烟的山头接受军训。阿里害怕这些人发现自己带这么多钱,半夜里将钱藏到了一个洞里。不久,军营内部发生了矛盾,阿里乘机跑了出来,他找到了装钱的包裹,匆忙地向前赶。(39)由于后面有追兵,他慌不择路地跑进了一片密林里。阿里迷路了,他每次都是顺着一个圆又走回原处。仔细查找原因后,

阿里发现自己的一条腿有些短。于是,他每走一百步便向右走一步。(40)一个星期后,他成功地走出了大森林。

　　战争结束了,阿里也终于找到了有钱人的儿子,对方在听了阿里的经历后,送了一匹马给他,以表达自己的感谢之情。阿里打算将马卖掉,换成 200 元钱再回家。马商看了看马,开出了价钱:"20 万!"(41)一匹马居然值 20 万! 阿里不敢相信自己的耳朵,他问马商:"这是匹名贵的宝马吗?""不,它只是一匹普通的马,我给的价钱也是公平合理的。"马商说。阿里接着问道:"如果 20 万能够买一匹马,那么,2 万能够买些什么?"马商向他解释道:"是这样的,战争虽然结束了,但钱却不值钱了。现在,2 万块只够买一顶帽子了!"

38. 阿里上路后遇到的第一个困难是什么?

　　A 钱被抢走了

　　B 被人抓去当兵

　　C 在森林里迷路

　　D 自己的腿受伤了

【题解】通过"路上,阿里遇到一队征兵的人马,他被他们带到一个没有人烟的山头接受军训"可以知道,阿里刚上路就被人抓去当兵了。正确答案是 B。

39. 阿里为什么进了森林？

　　A 钱藏在那儿

　　B 林子里有近路

　　C 为了躲避追兵

　　D 他想休息一下

【题解】通过"由于后面有追兵,他慌不择路地跑进了一片密林里"可以知道,阿里跑进了森林是因为后面有追兵在追他。正确答案是C。

40. 阿里在森林里走了多久？

　　A 七天　　　B 三十天

　　C 五十天　　D 一百天

【题解】听力材料中"一个星期后,他成功地走出了大森林"可以证明,阿里在大森林里走了一个星期,也就是七天。正确答案是A。

41. 阿里为什么怀疑自己的马是宝马？

　　A 值很多钱

　　B 跑得特别快

　　C 长得特别漂亮

　　D 马商对它的评价很高

【题解】根据听力材料中"一匹马居然值20万!阿里不敢相信自己的耳朵"可以知道,这匹马可以卖到20万,阿里认为这个价格非常高,所以他才怀疑这是匹宝马。正确答案是A。

42. 根据短文,阿里是个什么样的人？

　　A 胆小怕事　　B 有些粗心

　　C 非常悲观　　**D 诚实守信**

【题解】根据短文内容可以知道,阿里在答应了富人的请求后,带着钱上路,一路上遇到了种种困难,但他始终没有放弃,也没有对这些钱起贪念,一直坚持到完成自己的使命,这些说明他是个诚实守信的人。正确答案是D。

第43到45题是根据下面一段话：

　　作为两会人大代表的影视明星濮存昕,每天骑着自行车去开会。而濮存昕出行时喜欢骑自行车其实已经不是新闻,平常朋友聚餐,参加影视活动,开会等,他一般都是自己骑车。(43)在交通拥挤的北京城,濮存昕觉得骑自行车其实更能节省时间,也方便。虽然外人看来,名气极大的濮存昕,骑车和他的身份很不相符,(45)但濮存昕不管,别人说别的,他照旧骑着他的自行车在北京城穿行。他喜欢,也方便,不在乎别人说什么。身份,是别人眼里的事情,方便生活,是自己的事情。濮存昕说不想因为别人的看法为难自己,也没有必要如此。

　　不在乎别人说什么的,还有2009年台湾"金马影帝"的获得者黄渤。

　　(44)在北京生活的黄渤,这几年一直选择每天乘地铁去公司。《疯狂的石头》让黄渤成了人气极高的明星。自然,有了名气也就等于有了身份,于是大众看来,已经有了身份的他即使不愿开车,至少打车上班才符合身份。坐地铁,那是老百姓的事。其实起初黄渤是选择打车的,为此每天要支付一百余元的的士费。当然,不是钱的问题,而是每天因为打车要浪费更多在路上的时间。如果乘地铁20分钟,打车至少要一个小时,堵在路上的感觉让人厌烦,也浪费时间。那么,为什么不选择简单方便的出行方式呢?(45)如此一想,黄渤就成了地铁一族,不管别人说什么,只管每天去乘地铁。

不能让所谓的身份和名气改变自己的生活,并为此改变最适合自己的生活方式,把生活搞得复杂化。寻常人有权利选择最简单的生活方式,明星也一样,何况在生活中,明星也是寻常人。

43. 濮存昕为什么选择经常骑自行车?

A 锻炼身体　　B 节省资金
C 利于出行　　D 工作需要

【题解】根据"在交通拥挤的北京城,濮存昕觉得骑自行车其实更能节省时间,也方便"可以知道,濮存昕认为骑自行车很方便,不存在堵车的现象。正确答案是C。

44. 在北京,黄渤喜欢什么样的出行方式?

A 开车　　　　B 打车
C 搭地铁　　D 骑自行车

【题解】通过"在北京生活的黄渤,这几年一直选择每天乘地铁去公司"、"如此一想,黄渤就成了地铁一族"可以知道,黄渤在北京选择的交通工具是地铁。正确答案是C。

45. 根据短文,这两位明星有什么共同点?

A 是人大代表
B 爱骑自行车
C 喜欢锻炼身体
D 不因他人改变自己

【题解】根据"但濮存昕不管,别人说别人的,他照旧骑着他的自行车在北京城穿行"、"黄渤不管别人说什么,只管每天去乘地铁"可以看出,这两位明星都不在乎别人对自己选择交通工具、出行方式的看法,不会为别人的眼光改变自己原有的生活方式。由此可知,正确答案为D。

听力考试现在结束。

阅读部分题解

第一部分

第46—60题：请选出正确答案。

46—48.

> 有一家公司想收回另一家公司欠的三十万元欠款，__46__ 是公司只要二十万，剩下十万奖励给要回欠款的这个人，但 __47__ 了好几个人去，都无功而返。
>
> 最后，一名年轻的员工要回了欠款，大家都很 __48__ 他用了什么办法能把钱拿回来，原来，别人都要三十万，他却只要二十一万，二十万交给公司，一万自己留下。

46. A 后果　B 状况　**C 政策**　D 性质
【题解】A项"后果"表示最后的结果，多用于坏的方面；B项"状况"表示事物呈现出来的样子；C"政策"表示国家或政党为实现一定历史时期的路线而制定的长期的行动准则，主体也可以是公司、组织，多用于较重大的事件；D项"性质"表示一种事物区别于其他事物的特性。"要收回欠款"是公司的目标，为了实现这个目标，公司制定的准则是可以拿出十万作为奖励。本题C项符合题意。

47. A 催　**B 派**　C 劝　D 喊
【题解】A项"催"表示叫人赶快做某事；B项"派"表示政府、团体等命令某人到某处做某项工作；C项"劝"表示拿道理说服人，使人听从；D项"喊"表示大声叫。"喊"的主体是人，D项首先排除。文章没有提到公司是否着急要收回欠款，因此不会叫员工赶快做，A项不正确。根据文章，公司想收回欠款，公司有权利让员工去做，不需要通过讲道理才能让员工去做某事，因此C项不正确。正确答案是B。

48. **A 好奇**　B 担心　C 着急　D 难过
【题解】A项"好奇"表示对自己不了解的事物觉得新奇而感兴趣；B项"担心"表示心情不安、有忧虑，不放心；C项"着急"表示急躁不安；D项"难过"表示身体不舒服或伤心。根据文章，很多人去收欠款都没有成功，只有一个人成功了，事情已经有了结果，不必担心、着急了，排除B项、C项。下文中出现"原来"一词，"原来"的意思是指开始不知道，后来发现了真实情况。这说明大家并没有为自己没能拿回钱难过，而是对年轻员工拿回欠款的方法感兴趣。正确答案是A。

49—52.

> 我把钱放在一个残疾人面前的盆里时,有个好心人走过来对我说:"其实这种残疾人百分之九十都是__49__的,他们只是在__50__你的同情心,你当心他拿你的钱去花天酒地。"
>
> 我说:"__51__,因为他伸手要钱的时候,心理就残疾了。心理是残疾的人,即使他身体完整,非常有力气,家财万贯,他仍然是个残疾人,__52__值得同情,值得施舍。"
>
> 同样的,一个残疾人只要有健康的心理,那他就是一个健康人了。

49. **A 假装** B 雇用 C 固定 D 联合

【题解】A项"假装"表示故意做出某种动作掩饰真相,其动作行为不是真的;B项"雇用"表示出钱让人为自己做事;C项"固定"表示不会变动的;D项"联合"表示联系起来,结合在一起。下文中出现了"花天酒地",表示生活非常腐化,这一般不是残疾人的生活状态,也就是说这个残疾人很可能并不残疾。本题选择A项。

50. A 控制 B 掌握 **C 利用** D 处理

【题解】A项"控制"表示使某人某事处于自己的占有、管理或影响下;B项"掌握"表示了解事物,因而能充分支配或运用;C项"利用"表示用手段使人或事物为自己服务;D项"处理"表示安排事物、解决问题。"同情心"是作者的感觉,是否同情一个人只有"我"能决定,别人是不能安排决定的,因此排除A项、D项。了解一个人的内心活动是很难的,一个不认识的残疾人不可能清楚了解"我"的想法,B项不正确。如果某个人有同情心,那么这个残疾人就可以得到钱,得到好处,也就是说同情心成了残疾人得到好处的工具。本题选择C项。

51. A 我给他的钱并不多
    B 我不相信他真会这样做
    C 他看起来实在太可怜了
    D 只要做了残疾人就没有假的

【题解】一般意义上的残疾人只是身体有残疾,但是"我"认为只要一个人心理残疾,不管其他方面如何,都是残疾人。因此对"我"来说,身体残疾的人和心理残疾的人都是残疾人,也就是说只要以残疾人的身份要钱就是真的残疾人。D项正确。

52. A 片面 **B 更加** C 再三 D 简直

【题解】A项"片面"表示偏于一面的,跟"全面"相对;B项"更加"表示程度上进一步加深。数量上进一步增加或减少;C项"再三"表示一次又一次;D项"简直"表示完全是这样,带有夸张语气。从语法角度来说,"再三值得做"是不正

35

确的,因此排除C项。"我"认为心理残疾的人也是残疾人,应该同情,没有夸张的语气,因此排除D项。"我"认为身体残疾的人值得同情,而假装残疾的那些人是心理残疾的,这样的人更可怜,因此本题选择B项。

53—56.

有一位优秀教师告诉我,她教育学生的一个方法,就是经常找学生们__53__谈心。而且无论学习成绩好不好,都对他们说:"我相信你行。"__54__,她所教过的学生,几乎个个都__55__着自信。"行"的更"行"了,"不行"的也"行"了。不仅学生们如此,大人们也是如此。当一个人遇到困难、失败或犹豫不决的时候,如果他的领导或朋友说一句"我相信你"、"我觉得你行",那么他就__56__。

53. A 独立　B 孤单　**C 单独**　D 独特
【题解】A项"独立"表示不依靠他人;B项"孤单"表示一个人没有依靠,感到寂寞;C项"单独"表示不跟别的在一起;D项"独特"表示独有的、和其他不同的、特别的。根据文章,老师找学生谈心,应该是一个一个谈,因此本题选择C项。

54. A 从而　B 所谓　C 此外　**D 因此**
【题解】A项"从而"强调通过某种方法达到目的或出现结果,不能用在句子开始;B项"所谓"表示所说的,多用于提出需要解释的词语,接着进行解释;C项"此外"表示除了上文所说的事物或情况以外的;D项"因此"可以连接两个句子,上文是原因,下文是结果。根据文章,老师经常跟学生谈心,"行"的学生"更行"了,"不行"的学生也"行"了,这是老师教育学生的结果,因此本题选择D项。

55. **A 充满**　B 实现　C 形成　D 包括
【题解】A项"充满"表示充分具有;B项"实现"表示把愿望等变成事实;C项"形成"表示人或事物通过发展变化而具有某种特点或出现某种结果;D项"包括"表示里边含有,多是具体事物,或者列举各部分。"自信"不是愿望,B项不正确。C项"形成"一般不用于进行中,C项不正确。D项"包括"的对象多是具体事物,"自信"不是具体事物,D项不正确。根据文章,可以推测出学生应该是非常自信,因此本题选择A项。

56. A 会非常高兴
　　B 会十分感激对方
　　C 鼓足勇气,努力向前
　　D 一定会获得成功
【题解】人们在遇到困难时,如果有人鼓励支持当然会很高兴、很感激,但是A项、B项都只是表面的意思,本文的主题在于"自信"。只有有自信的人才能够迎难而上,不畏艰险。朋友领导的鼓励可以帮助我们获得自信,因此 C 项正确。拥有自信的人不一定会成功,因此 D 项错误。

57—60.

有一位著名的内科专家,医术非常高。

他有个___57___了多年的习惯:每到冬天,他就在口袋里放一个暖手袋,手总是热乎乎的。有人问他为什么这么做,他说:"到医院来治疗的,都是些饱受病痛之苦、抱着极大求生希望的病人。面对医生,他们心中的担心及期望之情可想而知。如果他们一来就握到了一双温暖的手,就会让他们重新燃起生活的希望,树立起战胜病痛的信心和勇气;而假如握到的是一双冰冷的、毫无生气的手,病人的心也就会发凉,___58___。"

那的确是一双充满了神奇___59___的手,它把坚定的信念和无声的关怀默默地___60___给了那些痛苦的病人。

57. **A 保持**　B 持续　C 维护　D 保留
【题解】A 项"保持"表示维持原状,使不消失或减弱;B 项"持续"表示行为或情况一直进行,没有中断;C 项"维护"表示维护事物良好的状态,使免于遭受破坏,D 项"保留"表示保存不变,也表示不拿出来,根据文中的做宾语的"习惯",首先排除 B 项,因为"持续"一般不带宾语。然后排除 C 项"维护",因为"习惯"不是重大的,也不是具体的。A 项"保持"、D 项"保留"都有和原来一样不变的意思,但是"保持"强调原来的状态是正面的、积极的,"保留"没有这样的意思,从文中可以知道医生的习惯是个好习惯,因此本题选择 A 项。

58. A 就会怀疑医生的医术
B 因而对生命失去希望
C 病情也会越来越严重
D 会感觉医院条件很差
【题解】医生的手是温暖的还是冰冷的,不是医院的条件,排除 D 项。也不能说明医生的医术是好是坏,A 项不正确。心发凉,是比喻灰心或失望,这不是病情严重的原因,因此 C 项不正确。本题选择 B 项。

59. A 力气　B 魅力　**C 力量**　D 精力
【题解】A 项"力气"只能表示人或动物身体产生的力,文中所说的手的"力"不是指身体产生的力,因此排除 A 项。B 项"魅力"表示能吸引人的力量,医生的手并没有吸引病人,只是让病人感到了温暖,B 项不正确。C 项"力量"可以指能力、作用、效力,跟精神、艺术等搭配。D 项"精力"指精神和体力,与手无关,因此排除 D 项。医生给病人的是一种精神方面的力量,是一种关怀,因此选择C项。

60. A 传播 **B 传递** C 传染 D 传说
【题解】A项"传播"表示广泛地传开,通常是有意识地宣传,对象多是理论、思想、知识等;B项"传递"表示由一方交给另一方,对象多是消息、信件等;C项"传染"表示通过某种途径使别的人或动物得病,对象多为疾病;D项"传说"表示群众口头上流传,对象多是关于某人某事的叙述或某种说法,也可以做名词,表示流传下来的故事。根据文章,本题正确选项的宾语是"坚定的信念和无声的关怀",因此首先排除C项、D项。A项"传播"、B项"传递"的对象都可以是信息,但是A项"传播"强调范围广,B项"传递"强调只发生在二者之间;A项"传播"的信息多是有具体内容的消息,B项"传递"的信息可以是某种抽象的事物,如温暖、爱等,从上面两个角度来说,B项正确。

由此可以知道,负责人出版易丢书、宣传易丢书是一个好主意。D项正确。

84. 文中"别具一格"的意思是:
   A 花了许多心思
   B 另有独特风格
   C 没有任何限制
   D 非常引人注意

【题解】根据文章,"在书展上,每个参展的出版社都要使出各种宣传手段,来推销自己的图书。但是,这家出版社的宣传却别具一格",文中的"但是"、"却"表示转折,说明这家出版社的宣传手段跟其他出版社不同。本题选择B项。

85. 书商们认为经常被偷的书:
   A 价格不便宜　　B 有收藏价值
   C 很受人欢迎　　D 不一定好卖

【题解】根据文章,书商们相信"被偷次数最多的图书通常是读者最喜欢的图书,它们也必然会成为销售最好的书","受欢迎"和"喜欢"意思相近。本题选择C项。

86—90.

　　大部分人买车看重的是价格、性能、造型。其实,(86)汽车颜色也很重要,颜色的选择不仅是个性主张的表达,更关乎行车安全。
　　科学研究发现,人们挑选什么颜色的车,不只与车主职业有关。心理学家发现,(88)开红色汽车的人,具有较强烈的进取心,往往比较自信,一有机会经常会开快车;白色汽车车主的性格往往比较温和,喜欢让自己的车干净亮丽,比较遵守纪律;黑色是"天然的公务车",心理学家指出它是工作狂的最爱;蓝色意味着车主生性冷静,有较强的分析力;鲜黄色表示车主乐观、好交际。
　　但你也许并不知道,汽车颜色还与安全紧密相连。
　　一家汽车保险公司就汽车颜色与交通事故发生频率之间的关系进行了一系列研究。结果表明:撞车等交通事故的发生,与汽车颜色有着密切的联系。其中,黑色汽车是最容易发生事故的。在白天,黑色汽车发生事故的概率比白色汽车高12%,而在傍晚和凌晨,这一数字高达47%。灰色和银色汽车的危险性仅次于黑色汽车,然后是红色、蓝色和绿色汽车,再其次是黄色汽车,(89)而白色汽车最安全。

86. 根据文中内容,人们买车时容易忽视的是车的:
   A 价格　B 造型　**C 颜色**　D 性能

【题解】根据文章,"大部分人买车看重的是价格、性能、造型。其实,汽车颜色也很重要","其实"有转折的意思,也就是说人们不觉得颜色重要,本题选择

C 项。

87. 心理学家认为,挑选车的颜色,跟人的什么有关?
A 文化水平　　B 经济条件
C 性格脾气　　D 家庭环境

【题解】根据文章,心理学家认为开红色车的人有进取心,开白色车的人性格温和,工作狂喜欢黑色汽车,开蓝色汽车的人冷静,开黄色汽车的人乐观等等,这些分析描述都是车主的性格。本题选择 C 项。

88. 对自己充满信心的人,往往爱选择什么颜色的车?
A 红色　B 白色　C 蓝色　D 黄色

【题解】根据文章,心理学家认为开红色汽车的人有进取心,往往比较自信,因此自信的人最可能选择红色汽车。本题选择 A 项。

89. 通过研究结果,我们可以知道:
A 白色汽车发生交通事故的概率最低
B 开黑色车会发生事故
C 红色的车比黄色的好
D 车主性格跟事故有关

【题解】根据文章,黑色汽车最容易发生事故,白色汽车最安全,本题选择 A 项。

90. 这段文字主要是讲:
A 如何做到安全驾驶
B 汽车颜色的重要性
C 不同性格不同人生
D 怎么避免交通事故

【题解】文章第一段说选择汽车时颜色很重要,下面从性格和安全两个方面说明颜色的重要性,因此本题选择 B 项。

由此可以知道，负责人出版易丢书、宣传易丢书是一个好主意。D项正确。

84. 文中"别具一格"的意思是：

A 花了许多心思

B 另有独特风格

C 没有任何限制

D 非常引人注意

【题解】根据文章，"在书展上，每个参展的出版社都要使出各种宣传手段，来推销自己的图书。但是，这家出版社的宣传却别具一格"，文中的"但是"、"却"表示转折，说明这家出版社的宣传手段跟其他出版社不同。本题选择B项。

85. 书商们认为经常被偷的书：

A 价格不便宜　　B 有收藏价值

C 很受人欢迎　　D 不一定好卖

【题解】根据文章，书商们相信"被偷次数最多的图书通常是读者最喜欢的图书，它们也必然会成为销售最好的书"，"受欢迎"和"喜欢"意思相近。本题选择C项。

86—90.

　　大部分人买车看重的是价格、性能、造型。其实，(86)汽车颜色也很重要，颜色的选择不仅是个性主张的表达，更关乎行车安全。

　　科学研究发现，人们挑选什么颜色的车，不只与车主职业有关。心理学家发现，(88)开红色汽车的人，具有较强烈的进取心，往往比较自信，一有机会经常会开快车；白色汽车车主的性格往往比较温和，喜欢让自己的车干净亮丽，比较遵守纪律；黑色是"天然的公务车"，心理学家指出它是工作狂的最爱；蓝色意味着车主生性冷静，有较强的分析力；鲜黄色表示车主乐观、好交际。

　　但你也许并不知道，汽车颜色还与安全紧密相连。

　　一家汽车保险公司就汽车颜色与交通事故发生频率之间的关系进行了一系列研究。结果表明：撞车等交通事故的发生，与汽车颜色有着密切的联系。其中，黑色汽车是最容易发生事故的。在白天，黑色汽车发生事故的概率比白色汽车高12%，而在傍晚和凌晨，这一数字高达47%。灰色和银色汽车的危险性仅次于黑色汽车，然后是红色、蓝色和绿色汽车，再其次是黄色汽车，(89)而白色汽车最安全。

86. 根据文中内容，人们买车时容易忽视的是车的：

A 价格　B 造型　**C 颜色**　D 性能

【题解】根据文章，"大部分人买车看重的是价格、性能、造型。其实，汽车颜色也很重要"，"其实"有转折的意思，也就是说人们不觉得颜色重要，本题选择

C项。

87. 心理学家认为,挑选车的颜色,跟人的什么有关?
 A 文化水平　　B 经济条件
 C 性格脾气　　D 家庭环境

【题解】根据文章,心理学家认为开红色车的人有进取心,开白色车的人性格温和,工作狂喜欢黑色汽车,开蓝色汽车的人冷静,开黄色汽车的人乐观等等,这些分析描述都是车主的性格。本题选择C项。

88. 对自己充满信心的人,往往爱选择什么颜色的车?
 A 红色　B 白色　C 蓝色　D 黄色

【题解】根据文章,心理学家认为开红色汽车的人有进取心,往往比较自信,因此自信的人最可能选择红色汽车。本题选择A项。

89. 通过研究结果,我们可以知道:
 A 白色汽车发生交通事故的概率最低
 B 开黑色车会发生事故
 C 红色的车比黄色的好
 D 车主性格跟事故有关

【题解】根据文章,黑色汽车最容易发生事故,白色汽车最安全,本题选择A项。

90. 这段文字主要是讲:
 A 如何做到安全驾驶
 B 汽车颜色的重要性
 C 不同性格不同人生
 D 怎么避免交通事故

【题解】文章第一段说选择汽车时颜色很重要,下面从性格和安全两个方面说明颜色的重要性,因此本题选择B项。